GAGE OU VÉRITÉ ?

-Edition Sexy-

spéciale adultes consentants

Message spécial

Merci de votre confiance.

Votre satisfaction est très importante et j'espère que ce livre répondra à vos attentes.

Je suis une auteure indépendante. Si vous aimez ce jeu, n'hésitez pas à soutenir mon travail en me laissant un commentaire sur Amazon. Cela me permettra à continuer de vous fournir de nouveaux livres de qualité.

Pour suivre toutes mes prochaines sorties, je vous invite à cliquer sur « suivre cet auteur » directement sur ma page auteur amazon.

D'avance, un grand merci !

Tamara Reyes

Règles du Jeu

Pour jouer avec votre partenaire, rien de plus simple : il vous suffit de tour à tour vous poser la question « Gage ou Vérité ? » ; le joueur n°1 qui tient le livre interrogeant le joueur n°2 qui doit faire un choix sans connaître les propositions.

Selon son choix, le joueur n°2 devra soit répondre à la question « vérité », soit effectuer le « gage » demandé. Les rôles sont ensuite échangés. Si un joueur décide de passer son tour, il devra exécuter un gage cette fois décidé par l'autre joueur. Pour éviter de gâcher la surprise des questions sur la page suivante, vous pouvez soit la cacher avec une feuille blanche, soit ouvrir le livre au hasard et noter les numéros des questions déjà faites !

Défis coquins et questions intimes se succèderont pour vous permettre de vous amuser ensemble en apprenant à connaître d'autres aspects de vous, tout en bousculant la routine et en pimentant votre vie sexuelle ! Le consentement de chacun est évidemment de mise pour tous les jeux proposés.

À vous de jouer !

1
Gage ou Vérité ?

 **GAGE**

Essaie de m'exciter en touchant uniquement mes mains et mes bras pendant cinq minutes.

 **VÉRITÉ**

Si un super-pouvoir sexuel t'était accordé, lequel choisirais-tu ?

2
Gage ou Vérité ?

 **GAGE**

Laisse-moi te bander les yeux et essaie de deviner avec quelle partie de mon corps je te caresse. Si tu devines bien, tu auras une récompense...

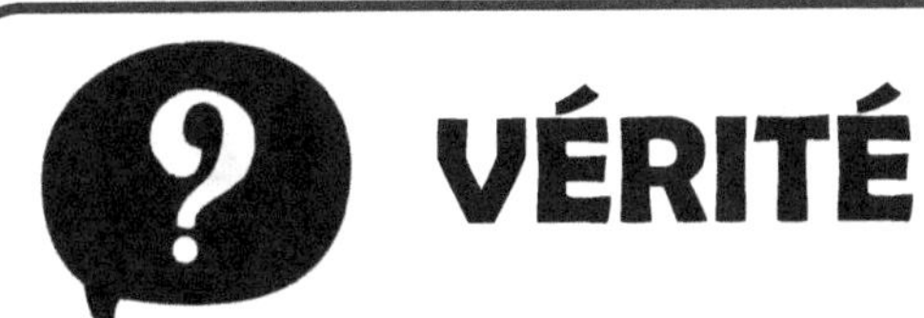 **VÉRITÉ**

Si tu devais choisir entre pouvoir donner ou recevoir des orgasmes en illimité, que choisirais-tu ?

3
Gage ou Vérité ?

 **GAGE**

Envoie–moi un sms sexy chaque jour pendant une semaine dès demain.

 **VÉRITÉ**

Qu'est–ce qui t'excite le plus chez moi ? Quelles sont les parties de mon corps que tu préfères ?

4
Gage ou Vérité ?

 **GAGE**

Lèche doucement tout mon corps en évitant soigneusement la zone la plus sensible.

 **VÉRITÉ**

Dans quels endroits publics rêverais—tu de faire l'amour ?

5
Gage ou Vérité ?

 **GAGE**

Imagine que je suis un(e) inconnu(e) que tu abordes dans un bar. Drague-moi pour essayer de me ramener chez toi.

 **VÉRITÉ**

Quel a été le plus court laps de temps entre le moment où tu as rencontré quelqu'un et couché avec ?

6
Gage ou Vérité ?

Embrasse–moi dans le cou
pendant une minute.

As–tu déjà eu un rapport sexuel
avec une personne du même
sexe ? En as–tu déjà eu envie ?

7
Gage ou Vérité ?

 **GAGE**

Nourris—moi avec une friandise en utilisant seulement ta bouche.

 **VÉRITÉ**

Combien as—tu eu de partenaires sexuels dans ta vie ?

8
Gage ou Vérité ?

Invite–moi à danser une danse torride sur la musique la plus sensuelle que tu connaisses.

Quel est le rêve le plus chaud que tu aies jamais fait ?

9
Gage ou Vérité ?

Lèche—moi les oreilles et mordille—les délicatement.

Préfères—tu être dessus ou en dessous ? Dominer ou être dominé ?

10
Gage ou Vérité ?

Prépare une musique sensuelle et fais–moi un strip–tease sexy.

Combien de temps a duré ton plus long orgasme ? Quand était–ce ?

11
Gage ou Vérité ?

 **GAGE**

Glisse ta main dans mon pantalon et occupe–la pendant une minute en ne me quittant pas des yeux.

 **VÉRITÉ**

Quelles sont les limites que tu ne souhaites actuellement pas franchir au lit ?

12
Gage ou Vérité ?

 **GAGE**

Bande—moi les yeux et essaie de m'exciter en n'utilisant que des sons.

 **VÉRITÉ**

Préfères—tu cracher ou avaler ?

13
Gage ou Vérité ?

 **GAGE**

Chuchote-moi des choses très coquines à l'oreille pendant trente secondes pour m'exciter.

 **VÉRITÉ**

As-tu déjà eu une expérience sexuelle avec quelqu'un sans connaître son nom ?

14
Gage ou Vérité ?

Pour notre prochaine fois, trouve le scénario d'un film érotique que tu aimerais que l'on rejoue.

As-tu déjà pris la virginité de quelqu'un ? La virginité est-elle quelque chose d'important pour toi ?

15
Gage ou Vérité ?

 **GAGE**

Récupère l'un de mes sous-vêtements et enfile-le de façon sexy.

 **VÉRITÉ**

As-tu déjà fait des choses sexuelles avec de la nourriture ? Sinon, est-ce envisageable pour toi ?

16
Gage ou Vérité ?

 **GAGE**

Sers—toi de ta langue pour épeler un mot coquin sur la partie de mon corps de ton choix.

 **VÉRITÉ**

Quel est l'acte sexuel qui semble être aimé par un grand nombre de personnes mais pas par toi ?

17
Gage ou Vérité ?

 **GAGE**

Lis à voix haute un extrait de roman érotique (tu peux aussi en chercher sur internet) et voyons ce que cela nous inspire...

 **VÉRITÉ**

Quelle est la tenue vestimentaire qui t'excite le plus et pourquoi ?

18
Gage ou Vérité ?

 **GAGE**

Donne—moi une petite fessée ou pince—moi les fesses en me qualifiant de "vilain(e)".

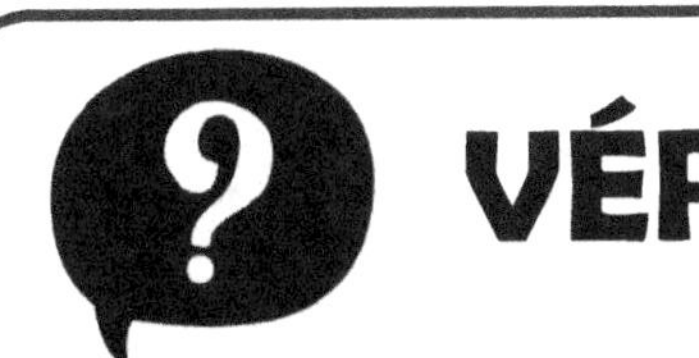 **VÉRITÉ**

Quel est le plus grand nombre de rapports sexuels que tu aies eu en une seule journée ?

19
Gage ou Vérité ?

Mets une musique sexy et embrasse—moi passionnément pendant toute la durée de la chanson.

Dans quelle pièce de la maison et sur quel meuble aimerais—tu faire l'amour ?

20
Gage ou Vérité ?

 **GAGE**

Dessine-moi quelque chose dans le dos. Si je trouve, j'aurai le droit de te demander une faveur. Sinon, ce sera à toi de me demander.

 **VÉRITÉ**

Quelle est la chose la plus sexy que l'on t'ait dite ?

21
Gage ou Vérité ?

 **GAGE**

Crée avec moi une playlist de musiques sensuelles à utiliser lors de nos futurs ébats.

 **VÉRITÉ**

As–tu déjà été surpris en train de faire l'amour ? Est–ce un fantasme pour toi ?

22
Gage ou Vérité ?

 **GAGE**

Fais–moi un massage avec de l'huile où tu veux pendant cinq minutes.

 **VÉRITÉ**

Que penses–tu du sexe entre amis ?

23
Gage ou Vérité ?

 **GAGE**

Demande–moi quelle est la partie de mon corps qui a pu être délaissée jusqu'à présent et lèche–la avec application pendant trente secondes.

 **VÉRITÉ**

Combien de fois par mois te masturbes–tu et où le fais–tu le plus souvent ?

24
Gage ou Vérité ?

 **GAGE**

Sans parler, guide ma main sur ton corps et montre—moi ce que tu préfères, la façon de toucher, la pression, tes zones sensibles etc.

 **VÉRITÉ**

Préfères—tu avoir une relation sexuelle dans une piscine, dans un bain à remous ou sous la douche ?

25
Gage ou Vérité ?

 **GAGE**

Trouve quelque chose de doux à glisser sur tes lèvres et embrasse—moi passionnément.

 **VÉRITÉ**

Comment s'est passée ta première expérience sexuelle ? Aurais—tu aimé y changer quelque chose ?

26
Gage ou Vérité ?

GAGE

Excite-moi en seulement dix secondes. Indice : tu n'es pas limité(e) à mes lèvres...

VÉRITÉ

Quel est le lieu le plus insolite où tu aies fait l'amour ?

27
Gage ou Vérité ?

 **GAGE**

Étale ta gourmandise préférée (chocolat chaud, chantilly...) sur la partie de mon corps de mon choix et lèche-la.

 **VÉRITÉ**

Es-tu déjà aller te baigner nu(e) quelque part ? Aimerais-tu le faire avec moi ?

28
Gage ou Vérité ?

 **GAGE**

Embrasse—moi les pieds en remontant lentement jusqu'à l'intérieur de mes cuisses.

? VÉRITÉ

As—tu déjà connu une expérience sexuelle désastreuse ? Si oui, pourquoi ?

29
Gage ou Vérité ?

GAGE

Déguste un fruit de la façon la plus sexy possible.

VÉRITÉ

Qu'aimerais-tu que je te fasse sans jamais avoir encore osé le demander ?

30
Gage ou Vérité ?

Mordille et lèche délicatement mes fesses pendant trente secondes.

Quelle personnalité célèbre du sexe opposé trouves-tu la plus sexy ?

31
Gage ou Vérité ?

 **GAGE**

Enlève ton bas jusqu'à la fin du jeu. Si tu choisis de le remettre avant, je peux te donner un gage !

 **VÉRITÉ**

Aimes-tu que l'on te tire les cheveux pendant un rapport ?

32
Gage ou Vérité ?

Lis mon historique de navigation internet d'une voix sexy.

Quelle était la plus grande différence d'âge entre toi et l'un de tes partenaires sexuels?

33
Gage ou Vérité ?

Bande-moi les yeux et fais-moi tout ce que tu désires pendant une minute.

Quelle est la partie du corps que tu trouves la plus sexy en général chez une personne du sexe opposé ?

34
Gage ou Vérité ?

Réfléchis à une position sexuelle inédite que tu aimerais essayer et propose-la moi pour notre prochaine fois.

Serais-tu tenté(e) par un plan à trois ? Si oui, qui verrais-tu en troisième personne ?

35
Gage ou Vérité ?

Montre–moi à quel point tu me désires en me léchant par–dessus mon bas de sous–vêtement.

Quelle est la chose la plus drôle qui te soit arrivée pendant que tu faisais l'amour ?

36
Gage ou Vérité ?

 GAGE

Imaginons que nous fassions durer nos ébats sexuels pendant plus deux heures. Décris tout ce que nous pourrions nous faire...

 VÉRITÉ

Quel est ton plus grand fantasme sexuel encore jamais réalisé ?

37
Gage ou Vérité ?

Fais–moi quelque chose là maintenant tout de suite qui t'a toujours fait fantasmer.

Si tu dois choisir : préfères–tu les caresses ou les baisers ?

38
Gage ou Vérité ?

GAGE

Agenouille-toi face à moi qui suis debout : embrasse-moi le ventre et caresse-moi les fesses pendant une minute.

VÉRITÉ

Quelles sont les parties de ton corps que tu aimes le plus ?

39
Gage ou Vérité ?

 **GAGE**

Enlève–moi un vêtement en utilisant seulement les dents.

 **VÉRITÉ**

Quelle est l'expérience la plus folle que tu aies vécue sexuellement ?

40
Gage ou Vérité ?

 **GAGE**

Câlin à nu : colle-toi à moi pour que nos deux sexes se touchent et se frottent pendant quelques minutes sans jamais se pénétrer.

 **VÉRITÉ**

Quels sont les mots coquins que tu aimes ou aimerais entendre au lit ? (Tu peux te lâcher !)

41
Gage ou Vérité ?

 **GAGE**

Attache-moi les poignets et essaye de m'offrir la gâterie la plus sensuelle possible.

 **VÉRITÉ**

Quelles sont les parties de ton corps les plus érogènes (oreilles, cou, tétons...) ?

42
Gage ou Vérité ?

Déshabille-nous en ne laissant que nos sous-vêtements et emmène-moi prendre une douche avec toi tout habillés.

As-tu déjà pratiqué le sexe anal ? Sinon, serait-ce envisageable ?

43
Gage ou Vérité ?

GAGE

Utilise un chronomètre et essaie de me donner un orgasme en cinq minutes.

VÉRITÉ

Que ferais-tu en premier si tu pouvais changer de sexe pendant une demi-journée ?

44
Gage ou Vérité ?

 **GAGE**

Imagine que je suis malade, et occupe–toi de moi en prenant bien soin de moi. Et plus si affinités...

 **VÉRITÉ**

As–tu déjà expérimenté des pratiques BDSM ? Sinon, aimerais–tu ?

45
Gage ou Vérité ?

Emmène-moi à l'improviste faire une séance câlins dans nos escaliers, notre jardin ou un autre lieu incongru.

As-tu déjà eu des aventures d'un soir ? Si oui, combien ?

46
Gage ou Vérité ?

 **GAGE**

Prends un papier, un crayon, et dessine une chose sexy que je devrai te faire dans la foulée.

 **VÉRITÉ**

Aimes–tu les jeux de rôles sexuels ? Y'en a–t–il un en particulier qui te fait fantasmer?

47
Gage ou Vérité ?

Bande-moi les yeux et embrasse-moi comme tu aimerais que je t'embrasse.

Décris ce que tu aimes le plus dans le sexe en trois mots.

48
Gage ou Vérité ?

 **GAGE**

Prends un glaçon, transfère-le de ta bouche à la mienne et laisse-le glisser le long de ton cou sur ton corps en ayant des pensées coquines.

 **VÉRITÉ**

Que choisirais-tu si tu devais choisir entre seulement la fellation/le cunni ou la pénétration jusqu'à la fin de tes jours ?

49
Gage ou Vérité ?

GAGE

Plaque-moi contre le mur, enroule ta jambe autour de moi et parcours mon corps avec tes lèvres en descendant jusqu'à mon torse/poitrine.

VÉRITÉ

Quel est l'acte sexuel que peu de personnes aiment mais que tu apprécies personnellement ?

50
Gage ou Vérité ?

Échange tes habits avec les miens et prenons–nous en photo avec des poses glamour.

Quel est ton souvenir sexuel préféré de nous deux ?

51
Gage ou Vérité ?

 **GAGE**

Prends un bonbon mentholé ou un glaçon dans ta bouche et propose—moi une gâterie tout en fraîcheur.

 **VÉRITÉ**

Combien de temps devraient durer les préliminaires parfaits ?

52
Gage ou Vérité ?

 **GAGE**

Allonge—moi sur le ventre et masse—moi avec l'aide de tout ton corps, à l'exception de tes mains.

VÉRITÉ

À quel point le sexe est—il important pour toi ? Peux—tu facilement t'en passer ?

53
Gage ou Vérité ?

 **GAGE**

Caresse-toi pendant que je me touche de mon côté. Essayons de nous exciter mutuellement rien que par la vue.

 **VÉRITÉ**

Quelle est la façon la plus efficace pour t'exciter ?

54
Gage ou Vérité ?

Fais avec moi une partie de cache-cache sexy : déshabillons-nous et perdons-nous de vue pour mieux nous retrouver !

T'es-tu déjà blessé(e) pendant un rapport ? Si oui, comment ?

55
Gage ou Vérité ?

 **GAGE**

Planifie avec moi une séance de slow sex pour notre prochaine fois : ralentissons nos ébats pour nous concentrer davantage sur nos sensations.

 **VÉRITÉ**

Qu'est-ce qui t'excite le plus : si je t'embrasse passionnément en agrippant tes fesses ou si je colle mon corps contre le tien ?

56
Gage ou Vérité ?

 **GAGE**

Chuchote-moi quelque chose à l'oreille qui n'est de base, pas du tout coquin, et essaie de le rendre sexy.

 **VÉRITÉ**

Es-tu déjà allé(e) dans un club échangiste ? Sinon, aimerais-tu tenter l'expérience ?

57
Gage ou Vérité ?

GAGE

Laisse—moi te lécher les lèvres sans que tu puisses répondre ou m'embrasser en retour.

VÉRITÉ

Quels sont les préliminaires que tu préfères ?

58
Gage ou Vérité ?

GAGE

Trouve un moyen de me donner la chair de poule, en utilisant seulement tes doigts.

VÉRITÉ

Préfères-tu faire l'amour sur une plage au soleil ou dans un chalet à la montagne l'hiver ?

59
Gage ou Vérité ?

 **GAGE**

Lors de notre prochaine fois, essaie de me donner un orgasme en utilisant uniquement ta langue.

 **VÉRITÉ**

Pourrais-tu coucher avec quelqu'un pour de l'argent, si oui pour combien ?

60
Gage ou Vérité ?

Embrasse délicatement chaque centimètre de mon visage sans toucher ma bouche.

En une journée, combien de fois penses-tu au sexe ?

61
Gage ou Vérité ?

 **GAGE**

Cette semaine, prends-toi en photo dans douze poses sexy choisies d'un calendrier de lingerie et envoie-les moi.

 **VÉRITÉ**

Quelle est ta première pensée après avoir fait l'amour ? Quelle est l'activité post-coit que tu préfères ?

62
Gage ou Vérité ?

 **GAGE**

Va ailleurs et parle–moi au téléphone avec le haut–parleur. Fais–toi plaisir en solo pendant que je fais de même. Donne–moi envie de te rejoindre...

 **VÉRITÉ**

Au lit, préfères–tu les gros mots ou les gémissements sexy ?

63
Gage ou Vérité ?

 **GAGE**

Déshabille–toi de façon sexy à un endroit d'où tu pourrais être visible de l'extérieur puis reviens nu(e) vers moi. Quel effet cela te fait–il de t'exposer ?

 **VÉRITÉ**

Quel est ton moment préféré pour faire l'amour (matin, pleine journée, nuit...) ?

64
Gage ou Vérité ?

GAGE

Initie une séance de dry humping* avec moi.

*se frotter sexuellement l'un à l'autre en étant habillés

VÉRITÉ

Qu'aimerais-tu que nous essayions de nouveau dans la salle de bain ?

65
Gage ou Vérité ?

 **GAGE**

Utilise une corde pour m'attacher à une chaise ou au lit. Déshabille-toi lentement en te donnant du plaisir pendant que je te regarde.

 **VÉRITÉ**

Cite-moi une chanson qui te met d'humeur coquine.

66
Gage ou Vérité ?

Suce l'un de mes doigts en alternant les pressions et la vitesse comme si tu me faisais une fellation.

Y–a–t–il une zone délicate que tu n'aimes pas que l'on te touche ? Si oui, laquelle ?

67
Gage ou Vérité ?

GAGE

Lors de notre prochaine expérience sexuelle, adopte le rôle d'un personnage dominateur (professeur, militaire, patron...) et séduis-moi.

VÉRITÉ

Quelle position sexuelle aimes-tu le moins?

68
Gage ou Vérité ?

Règle un chronomètre sur deux minutes et résiste à la tentation : essaie de ne pas te laisser exciter par ce que je vais te faire.

Préfères-tu faire l'amour avec la lumière allumée ou éteinte ?

69
Gage ou Vérité ?

 **GAGE**

Enfile des vêtements dans lesquels je te trouverai particulièrement sexy et fais-moi un défilé.

 **VÉRITÉ**

Y'a-t-il de nouvelles choses que tu aimerais que je te fasse durant l'acte ?

70
Gage ou Vérité ?

 **GAGE**

Commande un sextoy pour nous deux que tu serais curieux de découvrir et utiliser.

 **VÉRITÉ**

Aimerais–tu que je te regarde pendant que tu te masturbes ?

71
Gage ou Vérité ?

 GAGE

Décris—moi dans les détails un scénario de jeu de rôle sexuel qui te fait fantasmer.

 VÉRITÉ

Quelle est la chose la plus rebutante, selon toi, pendant l'acte sexuel ?

72
Gage ou Vérité ?

 **GAGE**

Glisse ta main dans ta culotte/ caleçon et caresse–toi quelques instants. Viens ensuite passer tes doigts sur mes lèvres.

 **VÉRITÉ**

Préfères–tu le sexe un peu sauvage ou plus sensuel ?

73
Gage ou Vérité ?

 **GAGE**

Sans me toucher, fais quelque chose qui selon toi va m'exciter.

 **VÉRITÉ**

As-tu déjà été menotté(e) ou attaché(e) pendant que tu faisais l'amour ? Aimerais-tu essayer ?

74
Gage ou Vérité ?

GAGE

Parle—moi avec un accent le plus sexy possible pour les trois prochains tours.

VÉRITÉ

As—tu déjà fait une sex—tape ? Sinon, aimerais—tu en faire une ?

75
Gage ou Vérité ?

Prends une douche avec moi et nettoie consciencscieusement chaque partie de mon corps, sans oublier mes parties les plus érogènes.

As–tu déjà été en relation ouverte ? Est–ce quelque chose que tu pourrais envisager ?

76
Gage ou Vérité ?

 **GAGE**

Imite un mouvement que je fais pendant nos ébats sexuels que tu adores.

 **VÉRITÉ**

Combien de personnes différentes as—tu embrassées dans ta vie ?

77
Gage ou Vérité ?

 **GAGE**

Stimule deux parties de mon corps en même temps : utilise tes mains sur l'une et tes lèvres sur l'autre.

 **VÉRITÉ**

Comment décrirais–tu tes "performances" sexuelles ?

78
Gage ou Vérité ?

Embrasse avec fougue l'intégralité de mon corps en faisant des allers-retours et en finissant par mon sexe.

Pourrais-tu entretenir une relation amoureuse sérieuse où le sexe serait presque inexistant ?

79
Gage ou Vérité ?

GAGE

Fais une lap-dance pour moi : séduis-moi en ondulant ton corps de façon sexy.

VÉRITÉ

Te définis-tu comme classique ou aventurier au lit ?

80
Gage ou Vérité ?

GAGE

Remémore-toi nos élans lors de nos premiers mois ensemble et agrippe-moi avec la même fougue.

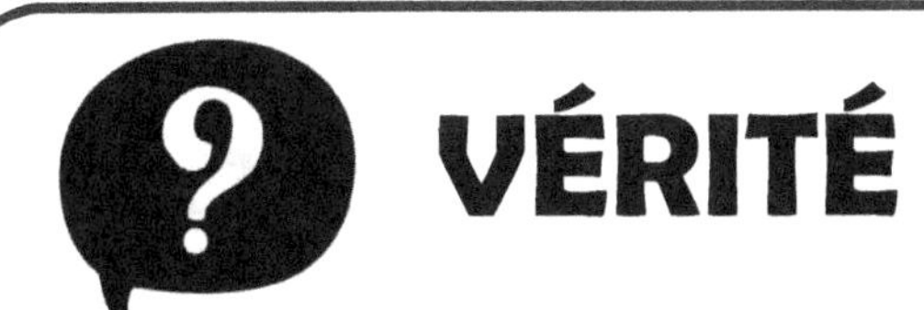

VÉRITÉ

Que fais-je mieux au lit selon toi que tes ex ?

81
Gage ou Vérité ?

 **GAGE**

Laisse courir ta bouche avec douceur et tendresse de mon poignet jusqu'à mon oreille.

 **VÉRITÉ**

Quelle est la position sexuelle que tu préfères ?

82
Gage ou Vérité ?

 **GAGE**

Choisis un jour cette semaine où l'on devra se promener nus toute la journée tous les deux à la maison. Combien de temps arrivera-t-on à résister ... ?

 **VÉRITÉ**

Aimerais-tu utiliser des accessoires au lit ? Si oui lesquels ?

83
Gage ou Vérité ?

 **GAGE**

Trouve une vieille photographie d'une situation romantique et essayons de reproduire la scène.

 **VÉRITÉ**

Selon toi, combien de temps devrait durer idéalement un rapport sexuel ?

84
Gage ou Vérité ?

Décris l'une de tes positions favorites sans me dire son nom et fais-la moi deviner.

As-tu déjà eu des orgasmes multiples ?

85
Gage ou Vérité ?

 **GAGE**

Décris mon corps nu de façon intense, avec des détails très érotiques.

 **VÉRITÉ**

As–tu un fétichisme sexuel* ?

*excitation provoquée par une partie du corps, un objet...

86
Gage ou Vérité ?

 **GAGE**

Laisse-toi attacher les mains avec des menottes (ou une corde) pendant 5 tours.

 **VÉRITÉ**

Aimerais-tu parler davantage pendant le sexe ?

87
Gage ou Vérité ?

 **GAGE**

Dis–moi de ta voix la plus sensuelle ce que tu as le plus aimé quant à la dernière fois où nous avons fait l'amour ensemble.

 **VÉRITÉ**

Quel est ton sextoy préféré ? Et celui que tu aimerais tester ?

88
Gage ou Vérité ?

 **GAGE**

Utilise ma main pour te masser très sensuellement le sexe.

 **VÉRITÉ**

Quelles seraient les circonstances réunies idéales pour faire d'une partie de sexe un moment parfait ?

89
Gage ou Vérité ?

GAGE

Fais-moi un compliment sexy :
réfléchis à quelque chose que tu
ne m'avais jamais dit
auparavant.

VÉRITÉ

Comment as-tu atteint ton
orgasme le plus puissant ?

90
Gage ou Vérité ?

Pose un shot d'alcool sur mon nombril. Bois–le d'une traite en utilisant seulement tes dents et ta bouche.

As–tu une arme secrète pour me faire jouir systématiquement ?

91
Gage ou Vérité ?

 **GAGE**

Donne–moi ton téléphone et laisse–moi commander un vêtement ou accessoire sexy pour toi.

 **VÉRITÉ**

T'es–tu déjà masturbé(e) dans un autre endroit que chez toi ?

92
Gage ou Vérité ?

GAGE

Cette semaine, procure-toi de la peinture corporelle pour que nous puissions exprimer artistiquement l'union de nos deux corps sur une toile.

VÉRITÉ

Quel est ton style préféré de films pornographiques ?

93
Gage ou Vérité ?

A ton tour de me préparer une soirée aux chandelles avec un petit plat aphrodisiaque.

Y–a–t–il quelque chose que tu aimes particulièrement au lit que je pourrais faire davantage ou améliorer ?

94
Gage ou Vérité ?

 **GAGE**

Essaie de m'exciter en soufflant alternativement le chaud et le froid sur ma nuque.

 **VÉRITÉ**

Quels mots sont trop vulgaires pour toi pendant l'acte ?

95
Gage ou Vérité ?

Imite l'expression que tu penses afficher pendant l'orgasme et laisse-moi te prendre en photo. Ce sera ton fond d'écran pendant ving-quatre heures.

Quel surnom de danseur(se) stripteaser(euse) pourrais-tu me donner ?

96
Gage ou Vérité ?

La prochaine fois que tu vas chercher le pain, mets-toi tout(e) nu(e) sous ton manteau (s'il est court, tu peux garder le bas...).

Sur une échelle de 1 à 10, quelle note me donnerais-tu en tant que partenaire sexuel(le) ?

97
Gage ou Vérité ?

GAGE

Deviens un(e) chef(fe) sexy en m'apprenant à préparer tes amuse-gueules préférés, tout(e) nu(e) sous ton tablier !

VÉRITÉ

Quelle est la chose la plus "étrange" que tu aies faite sexuellement?

98
Gage ou Vérité ?

 **GAGE**

Pose—moi trois questions sur toi auxquelles je devrais pouvoir répondre. Si j'ai bon, je gagne une récompense. Sinon, donne—moi une punition...

 **VÉRITÉ**

Aimes—tu griffer ou mordre pendant le sexe ? Où ça?

99
Gage ou Vérité ?

Laisse-moi te prendre en photo avec une moue et une pose suggestives.

Si tu devais décrire mes fesses à un étranger, que dirais-tu ?

100
Gage ou Vérité ?

 **GAGE**

Choisis pour nous un film pornographique, et laissons-nous porter par l'atmosphère...

 **VÉRITÉ**

Si nos ébats sexuels étaient compilés pour en faire un film érotique, quel titre lui donnerais-tu ?

101
Gage ou Vérité ?

Caresse, lèche et mordille les tétons de ton partenaire.

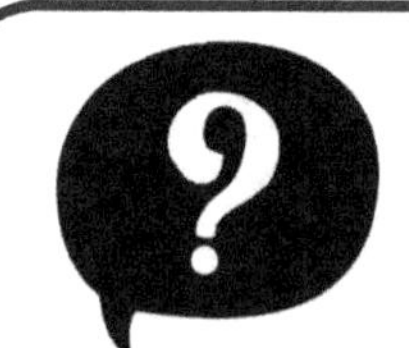

Décris-moi une chose que je pourrais faire qui te donnerait instantanément un orgasme.

102
Gage ou Vérité ?

 **GAGE**

Amène un miroir lors de notre prochain rapport sexuel et amusons-nous avec...

 **VÉRITÉ**

Si tu pouvais donner une note sur dix à notre vie sexuelle commune, quelle note donnerais-tu ? Comment pourrions-nous l'améliorer ?

103
Gage ou Vérité ?

GAGE

Écris-moi un court poème coquin et lis-le moi.

VÉRITÉ

Que choisirais-tu si tu devais choisir entre une douche dorée* et un analingus ? Et entre être le receveur ou le donneur?

*uriner sur ou autour d'un partenaire

104
Gage ou Vérité ?

Rejoue en trente secondes la façon dont s'est déroulée notre premier RDV selon tes souvenirs.

Cite un aliment, une boisson, un arôme qui a la capacité de t'exciter.

105
Gage ou Vérité ?

 **GAGE**

Commence à jouer avec un sextoy et donne-moi envie.

 **VÉRITÉ**

Décris ma personnalité au lit en trois mots.

106
Gage ou Vérité ?

 **GAGE**

Simule un orgasme en me regardant droit dans les yeux.

 **VÉRITÉ**

Quelle est ta plus longue période d'abstinence sexuelle ?

107
Gage ou Vérité ?

GAGE

Mets tes sous-vêtements au congélateur pendant vingt minutes puis remets-les.

VÉRITÉ

Penses-tu que l'on devrait avoir un nombre limite de partenaires dans notre vie ou penses-tu que cela n'a pas d'importance ?

108
Gage ou Vérité ?

 **GAGE**

Montre–moi sur un ustensile de cuisine la façon dont tu aimes être lêché(e).

 **VÉRITÉ**

As–tu déjà reçu un nude* ? Sinon, aimerions–tu que nous nous en envoyions ?

*Photo dénudée

109
Gage ou Vérité ?

GAGE

Embrasse–moi à l'endroit le plus sexy chez moi, de la façon la plus sexy et sensuelle possible.

VÉRITÉ

As–tu déjà couru tout(e) nu(e) dehors ? Sinon, pourrais–tu le faire ?

110
Gage ou Vérité ?

Séduis-moi dans une pièce dans laquelle nous n'avons jamais encore fait l'amour.

Qu'as-tu pensé la première fois que nous avons fait l'amour ?

111
Gage ou Vérité ?

GAGE

Choisis—moi des chansons au hasard sur lesquelles je devrai danser de façon sexy, peu importe le style de musique !

VÉRITÉ

Quand je suis sur toi, quelle est la partie de mon corps que tu préfères regarder ?

112
Gage ou Vérité ?

 **GAGE**

Trouve un nom coquin pour mon sexe que nous pourrons utiliser lorsque nous ferons l'amour.

 **VÉRITÉ**

Qu'aurais-tu aimé apprendre plus tôt sur le sexe ?

113
Gage ou Vérité ?

 **GAGE**

Appelle—moi pendant ta prochaine pause au travail, et décris—moi de façon sexy les vêtements que tu portes.

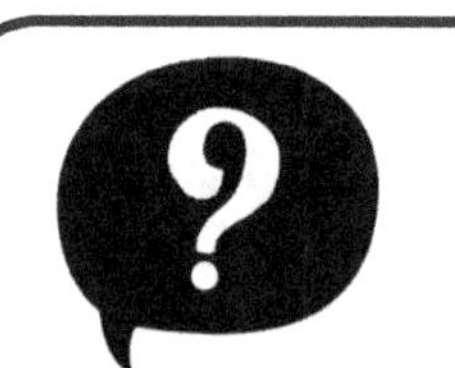 **VÉRITÉ**

À quel âge as—tu ressenti tes premières pulsions sexuelles se manifester ?

114
Gage ou Vérité ?

Dans les prochains jours, crée quelque chose de tes mains pour me démontrer ton amour et ton désir (peinture, montage photo, interprétation d'une chanson...).

Es-tu déjà allé(e) dans un club de strip-tease ? Sinon, aimerais-tu y aller ?

115
Gage ou Vérité ?

GAGE

Prépare notre prochaine séance de câlins soigneusement en mettant les petits plats dans les grands (chandelles, parfum d'ambiance, musique...)

VÉRITÉ

Cite-moi une chose sexy que je dis et que tu adores.